Mapas

y cartografía

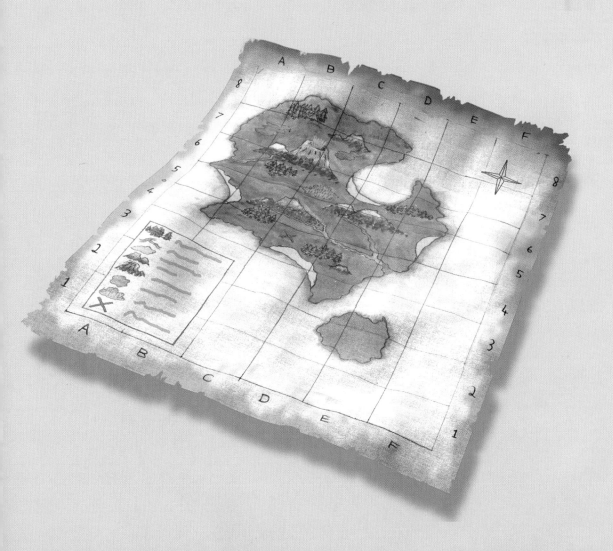

© Edilupa ediciones, S.L., 2006

Primera Edición: 2006

ISBN 84-96252-76-0

Título original: Maps and Mapping

Edición original: Kingfisher Publications Plc

Revisión de esta edición: Elena R. Orta (TXT Servicios editoriales)

Traducción, adaptación y diseño de interiores:tTRTr Alquimia Ediciones, S.A. de C. V.

Agradecimientos
La editorial quisiera agradecer a aquellos que permitieron la reproducción de las imágenes. Se han tomado todos los cuidados para contactar con los propietarios de los derechos de las mismas. Sin embargo, si hubiese habido una omisión o fallo la editorial se disculpa de antemano y se compromete, si es informada, a hacer las correcciones pertinentes en una siguiente edición..
i = inferior; ii = inferior izquierda; id = inferior derecha; c = centro; ci = centro izquierda; cd = centro derecha; s = superior; sd = superior derecha; d = derecha

Fotos: 2-3 Librería Británica; 4-5 Librería Británica; 8-9 Corbis; 12 Corbis; 14-15s. Zefa; 14-15i. Corbis; 16 Ministerio de Turismo de Portugal; 17 Alamy; 18-19 Getty Images; 19si. Frank Lane Picture Agency; 19ad Frank Lane Picture Agency; 20-21 Corbis; 26 Hereford Cathedral; 27 Getty Images; 28 Corbis; 29s Science Photo Library; 29i NASA; 30-31 Science Photo Library; 33s Heritage Image Partnership; 33i Corbis; 34-35 Science Photo Library; 34-35 Science Photo Library; 36 Corbis; 36-37 Science Photo Library; 38-39s Zefa; 38-39i Science Photo Library; 40 Art Archive; 40-41 Science Photo Library; 41 NASA

Fotografía por encargo de las páginas 42-47 por Andy Crawford.
Realizador del proyecto y coordinador de la toma: Miranda Kennedy.
Agradecimiento a los modelos Lewis Manu y Rebecca Roper.

EDILUPA

Mapas

y cartografía

Deborah Chancellor

Contenido

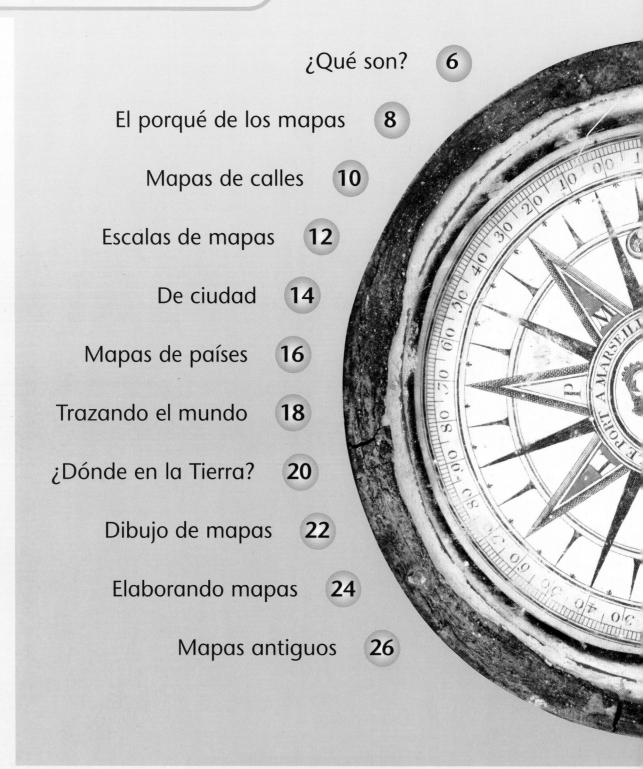

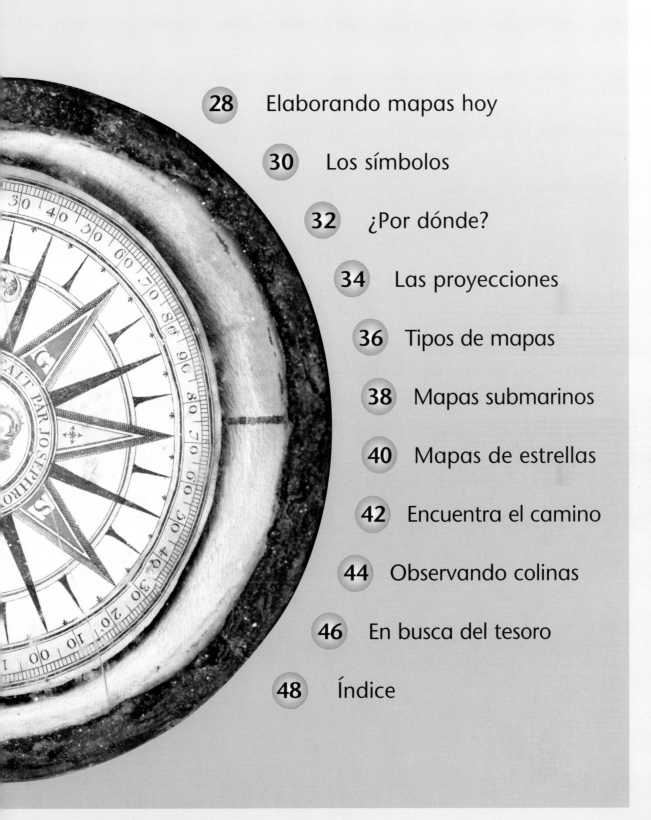

¿Qué son?

Los mapas nos muestran cómo se ven los lugares desde arriba. Algunos cubren pequeñas zonas. Otros muestran grandes países, o el mundo completo.

Los mapas enseñan

Los mapas dan información útil sobre los países. Este mapa de Australia muestra las principales ciudades, carreteras y ríos.

Búsqueda de lugares

Los mapas nos indican dónde estamos. Tienen cuadrículas para ayudarnos a encontrar lugares.

¿A cuánta distancia?

Las barras de escalas indican cuántos kilómetros hay por centímetro, para poder medir distancias en el mapa.

cuadrícula – *diseño de líneas que se entrecruzan*

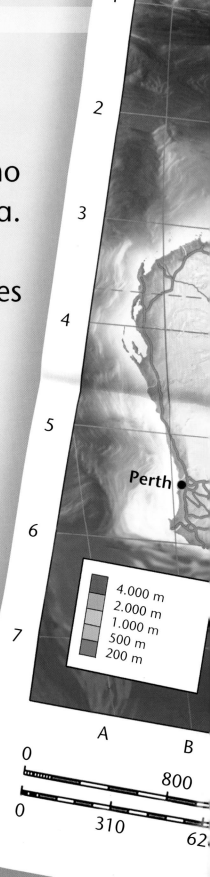

Perth

4.000 m
2.000 m
1.000 m
500 m
200 m

A   B

0
800
0
310
62

Darwin

Broome

Cairns

Townsville

Alice Springs

Brisbane

Adelaida

Sydney

Canberra

Melbourne

Hobart

■ Capital
● Ciudad
∿ Carretera
∿ Río

C   D   E   F   G   H   I   J

1600 kilómetros

930 millas

El porqué de los mapas

Los mapas nos ayudan a conocer nuestro mundo. Puedes localizar países y continentes en un mapamundi. Las ciudades importantes están señaladas con puntos. Las líneas marcan las fronteras.

continentes – *enormes masas de tierra*

El mundo en la mano

Los mapamundis muestran las enormes distancias entre los países. Cuando observas un mapamundi, puedes ver lo lejos que están algunos lugares.

fronteras – *límites entre dos países o estados*

10 Mapas de calles

Usamos mapas de calles para encontrar cosas en una ciudad. Estos mapas son vistas aéreas de un lugar. Muestran edificios, caminos y otros puntos de referencia.

puntos de referencia – *objetos que pueden ser vistos desde lejos*

Plano liso

El mapa de arriba es un plano de las calles de la foto. Los edificios y los campos son formas planas y sencillas. No hay coches ni personas en el plano.

Escalas de mapas

Los mapas de escala pequeña muestran áreas grandes. Los de gran escala muestran zonas más pequeñas y detalladas.

Parque de atracciones

Este mapa a gran escala da muchos detalles.

Reducir para caber

Todo en un mapa debe ser reducido para que quepa. Los mapas a pequeña escala tienen objetos más pequeños para poder mostrar una zona más grande.

Parque de atracciones

Mapa de carreteras

Está hecho a pequeña escala. Indica la ubicación del parque de atracciones.

zona – *parte de un lugar o país*

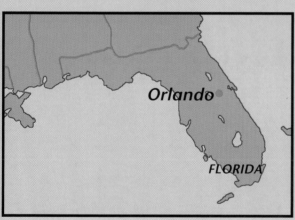

Mapa de estado

El parque de atracciones está en Orlando: un punto en el mapa de Florida.

Mapa de país

Este mapa muestra los EEUU. Posee la escala más pequeña de esta página.

estado – *sección de un país*

13

De ciudad

En un pueblo o ciudad necesitamos diferentes tipos de mapas; al caminar o conducir, los mapas nos son muy útiles y los de rutas nos ayudan a planear viajes en el transporte público.

En busca del camino

Algunos mapas turísticos son tridimensionales. Dan los puntos de referencia en una ciudad. La línea roja de este mapa indica la ruta para que un turista halle su camino de vuelta.

Forma callejera

En los mapas, los edificios y las carreteras parecen muy pequeños pero en la vida real son mucho más grandes. Esta animada calle de París se vería muy diferente en un mapa.

Rutas del tren

En los planos del metro las rutas se muestran con líneas. Cada línea posee su número y color. Los nombres de las estaciones aparecen señalados en el plano.

Mapas de países

Los mapas de países cubren grandes zonas. Muestran rasgos importantes, como montañas, ciudades y fronteras. Los símbolos en estos mapas indican puntos de interés.

Capital

Los puntos indican las capitales. Lisboa es la capital de Portugal. Fue construida alrededor de un puerto natural.

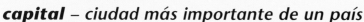

capital – *ciudad más importante de un país*

Frontera natural

Estas montañas forman una frontera natural entre España y Francia. Se localizan en una cordillera llamada los Pirineos.

FRANCIA

Pirineos

Las fronteras entre países están señaladas con una línea roja

ESPAÑA

Madrid

	Flamenco
	Pesca
	Producción de vino
	Cultivo de naranjas
	Deportes acuáticos
	Zona turística

Trazando el **mundo**

Los mapamundis están hechos sobre una cuadrícula formada por las líneas de latitud y longitud. Las usamos para hallar la posición exacta de los lugares.

Comienzo en Greenwich

El 'meridiano de Greenwich' es la línea de longitud que cruza Greenwich, Inglaterra. Marca 0° (cero grados) de longitud. Las demás líneas de longitud se miden al este o al oeste de esta línea.

Polo Norte

Polo Sur

latitud – distancia al norte o al sur del ecuador

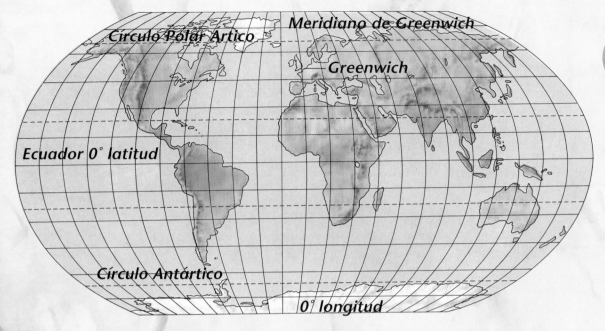

En los polos

Las líneas de longitud se unen en los polos Norte y Sur. Estos pingüinos viven en la Antártida, el continente alrededor del Polo Sur en el Círculo Antártico.

A la mitad

El ecuador es una línea imaginaria que cruza la Tierra por la mitad. Las líneas de latitud se miden al norte o sur del ecuador.

longitud – *distancia al este u oeste del meridiano de Greenwich*

¿Dónde en la Tierra?

Cualquier posición en la Tierra se describe con medidas de latitud y longitud. En los mapas, las cuadrículas ayudan a ubicar un sitio determinado, como una ciudad en un mapamundi, u oro en un mapa del tesoro.

Dirección global

La latitud y longitud de una ciudad son como una "dirección" en un mapa. Nueva Orleáns, EEUU, está a 30° norte y 90° oeste.

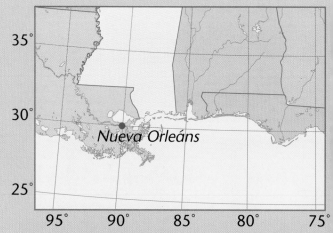

Nueva Orleáns

Hacia el mar

El famoso río Mississippi fluye a través de Nueva Orleáns y desemboca en el mar. Esta ruta de tráfico fluvial tiene 6.000 km de largo.

posición – *lugar exacto donde se encuentra algo*

En busca de sitios ocultos

Hasta los mapas de tesoros tienen cuadrículas. A cualquier lugar u objeto en el mapa se le dan coordenadas, usando letras y números en el borde.

A B C D

8
7
6
5
4
3

Bosque
Río
Playa
Montaña
Volcán
Lago
Pantano
Tesoro

N
O   E
S

B
C

Dibujo de **mapas**

Hace 500 años, gran parte del mundo estaba inexplorada. Al descubrirse tierras incógnitas, se hicieron los primeros mapas de los sitios recién hallados.

Viajes de hallazgo

Los exploradores aprendieron tanto como pudieron acerca de las costas. Usaron equipos especiales para guiarse, y dibujaron mapas.

Por el rumbo exacto

Las brújulas los ayudaron a navegar en la dirección correcta. Los mapas tenían el norte en la parte superior y el sur en la parte inferior.

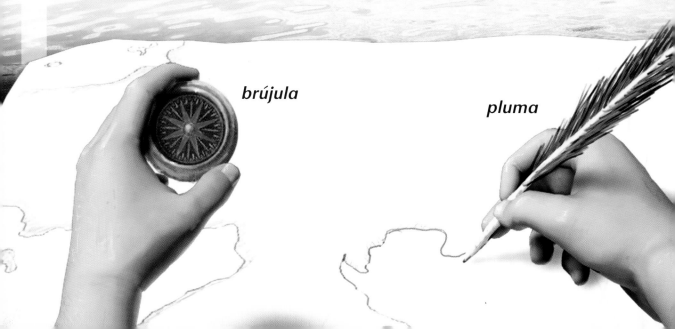

brújula

pluma

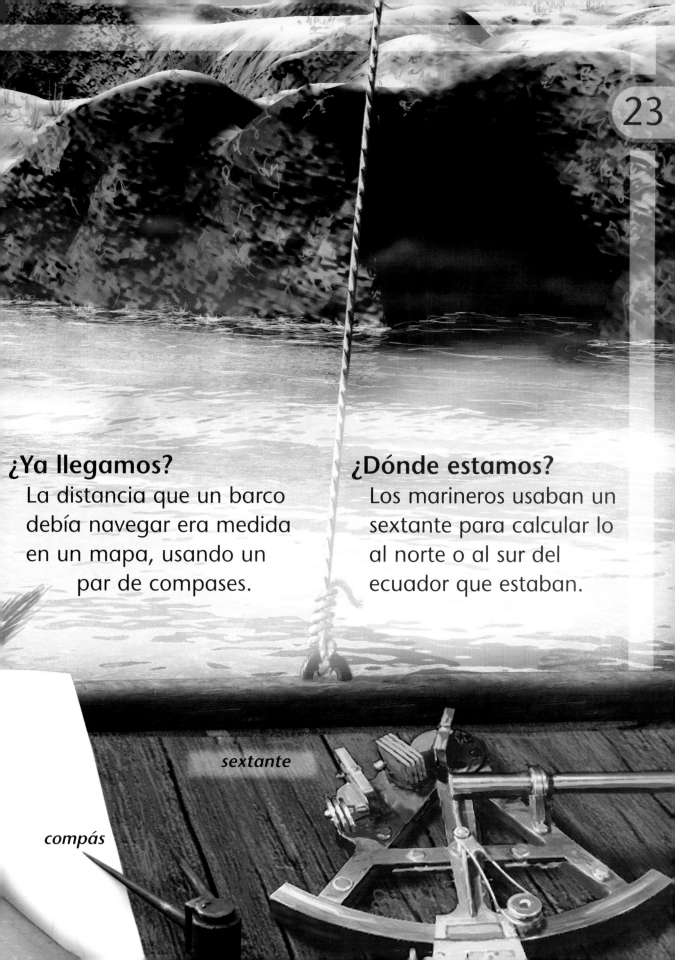

¿Ya llegamos?

La distancia que un barco debía navegar era medida en un mapa, usando un par de compases.

¿Dónde estamos?

Los marineros usaban un sextante para calcular lo al norte o al sur del ecuador que estaban.

sextante

compás

Elaborando mapas

Se necesita mucha información acerca del paisaje para elaborar un mapa exacto y correcto. Deben tomarse varias medidas, como la altura de las montañas y la longitud de los ríos.

Estudio del terreno

Los topógrafos son personas que miden los rasgos del paisaje para elaborar los mapas. Anotan cada detalle, por ejemplo, si es boscoso, seco o pantanoso.

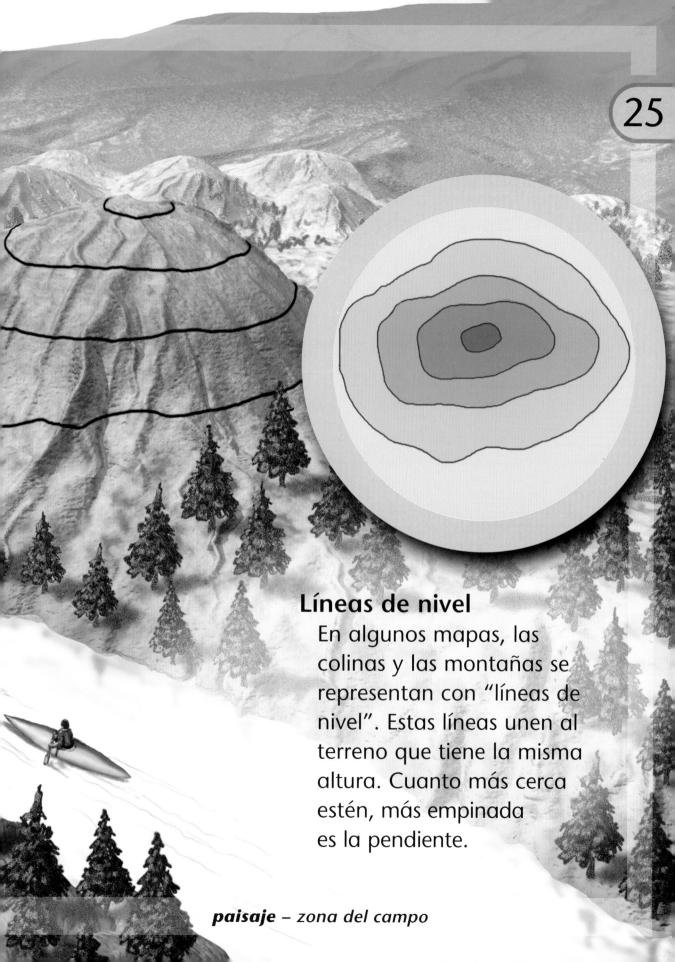

Líneas de nivel

En algunos mapas, las colinas y las montañas se representan con "líneas de nivel". Estas líneas unen al terreno que tiene la misma altura. Cuanto más cerca estén, más empinada es la pendiente.

paisaje – *zona del campo*

Mapas antiguos

Las personas han elaborado mapas durante miles de años. Los primeros mapas del mundo entero fueron hechos hace aproximadamente 1.800 años. Sólo mostraban los países y océanos conocidos en aquel entonces.

¿Qué falta?
Los primeros cartógrafos desconocían la existencia de América, Australia y la Antártida. Este mapa muestra cómo creían algunos que era el mundo hace 900 años.

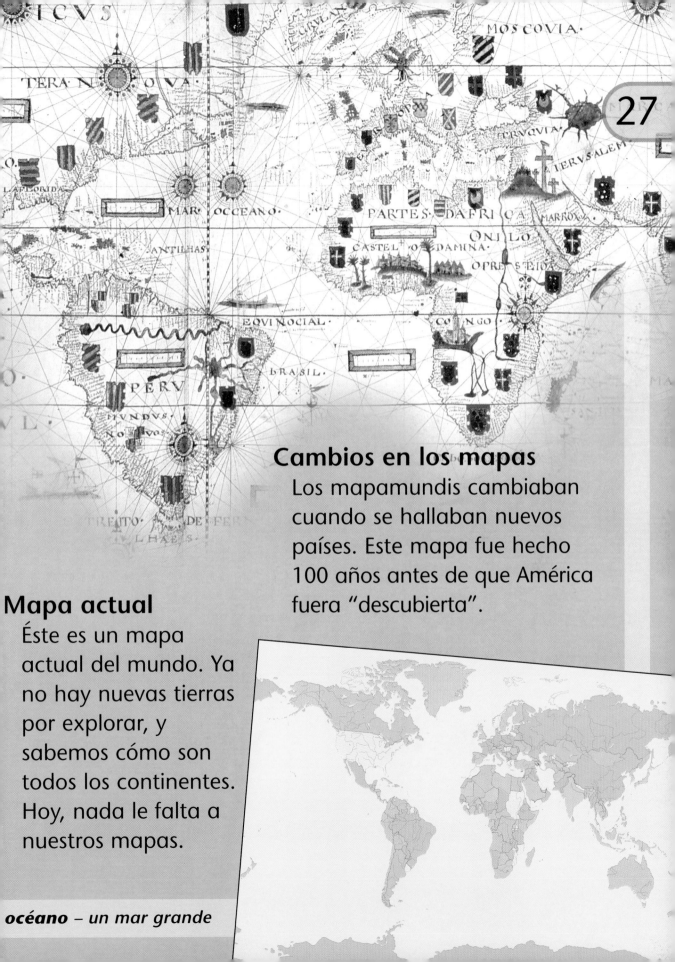

Cambios en los mapas

Los mapamundis cambiaban cuando se hallaban nuevos países. Este mapa fue hecho 100 años antes de que América fuera "descubierta".

Mapa actual

Éste es un mapa actual del mundo. Ya no hay nuevas tierras por explorar, y sabemos cómo son todos los continentes. Hoy, nada le falta a nuestros mapas.

océano – *un mar grande*

Elaborando mapas hoy

La nueva tecnología ayuda a elaborar mapas. Pueden tomarse fotografías del mar y la tierra desde aviones y satélites. Los cartógrafos usan estas imágenes y otra información para crear mapas.

Uso de ordenadores

Hoy, para hacer mapas los cartógrafos utilizan ordenadores. En una base de datos pueden almacenarse muchos elementos y usarse para crear varios tipos de mapas. Éste es un mapa digital de Asia.

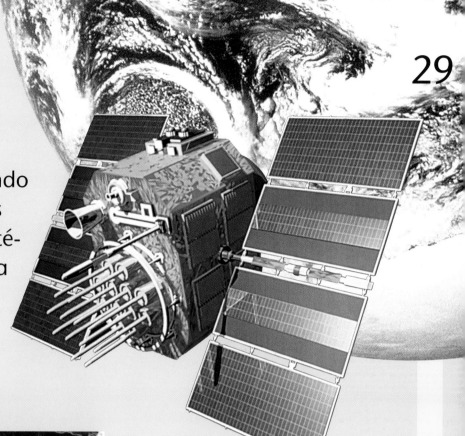

Ojos en el cielo

Éste es un satélite espacial ruso girando sobre la Tierra. Los datos de varios satélites son enviados a la Tierra y usados para elaborar mapas.

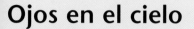

Vista aérea

Así se ve el Amazonas, en el norte de Brasil, desde el espacio. Las zonas oscuras son selva, y el río es una delgada línea amarilla. Las fotos de satélites les dan a los cartógrafos una detallada imagen del paisaje.

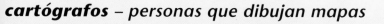

cartógrafos – personas que dibujan mapas

Los símbolos

Los mapas deben reunir mucha información en un espacio pequeño. Los símbolos y colores en los mapas se usan para indicar diferentes cosas en el suelo.

Vuelo sobre Londres

Ésta es una vista aérea del centro de Londres. Los mapas de la zona muestran carreteras, edificios y parques. Los símbolos indican para qué son usados los edificios importantes.

Simbología

Los símbolos y colores de un mapa son explicados en un cuadro que debemos observar para entender lo que nos muestra el mapa.

P	Parking
i	Información
⊖	Metro
▭	Policía
+	Hospital
▪	Parque
▪	Zona residencial
▪	Zona comercial
✡	Sinagoga
☾	Mezquita
+	Iglesia

***vista aérea** – una imagen de algo vista desde arriba*

Acercamiento

Este mapa muestra
una zona de la foto
del satélite. Diferentes
colores indican cómo se
usa el suelo, por ejemplo,
para casas o parques.

simbología – *explicación de símbolos en un mapa*

¿Por dónde?

Mires hacia donde mires estás viendo una dirección determinada. Algún sitio entre norte, sur, este y oeste. Usas una brújula para encontrar tu dirección.

Lectura de mapas

Estos excursionistas usan una brújula con un mapa. Giran el mapa de modo que la flecha del norte quede alineada con la aguja de la brújula.

Señalización del camino

Todos los mapas tienen una "rosa náutica", indicando el norte. En muchos sitios se han plasmado las direcciones de la brújula también en el suelo.

Hacia el norte

Necesitas usar una brújula para descubrir hacia dónde está el norte. Una brújula tiene una aguja magnética que siempre apunta hacia el norte.

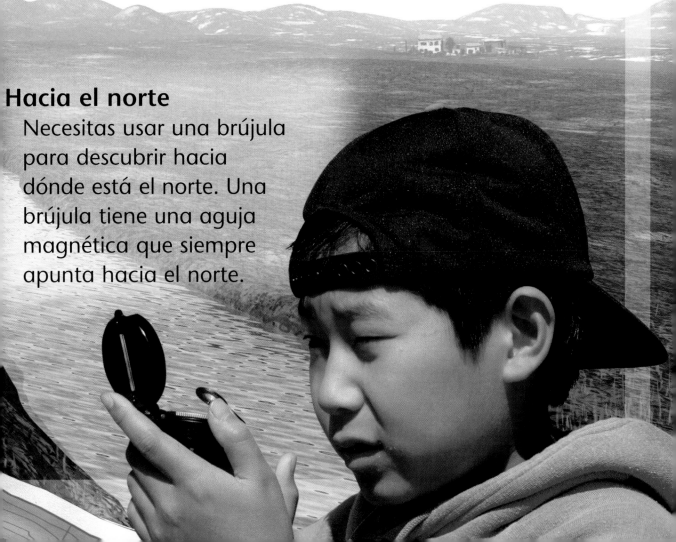

Las proyecciones

Los mapas más precisos son los globos terráqueos, pues muestran todo tal como es. Los mapas planos cambian la forma de algunos países.

Proyecciones

La forma en que se ve un mapa plano se llama proyección. A la derecha está la proyección de Mercator.

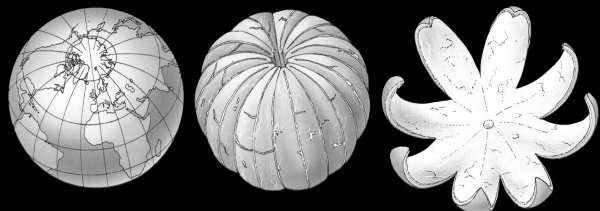

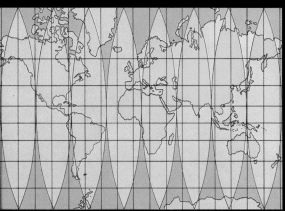

Mapa plano

Un globo terráqueo puede dividirse en "gajos" que se separan como los de una naranja. Estos "gajos" se colocan juntos y forman un mapa como éste.

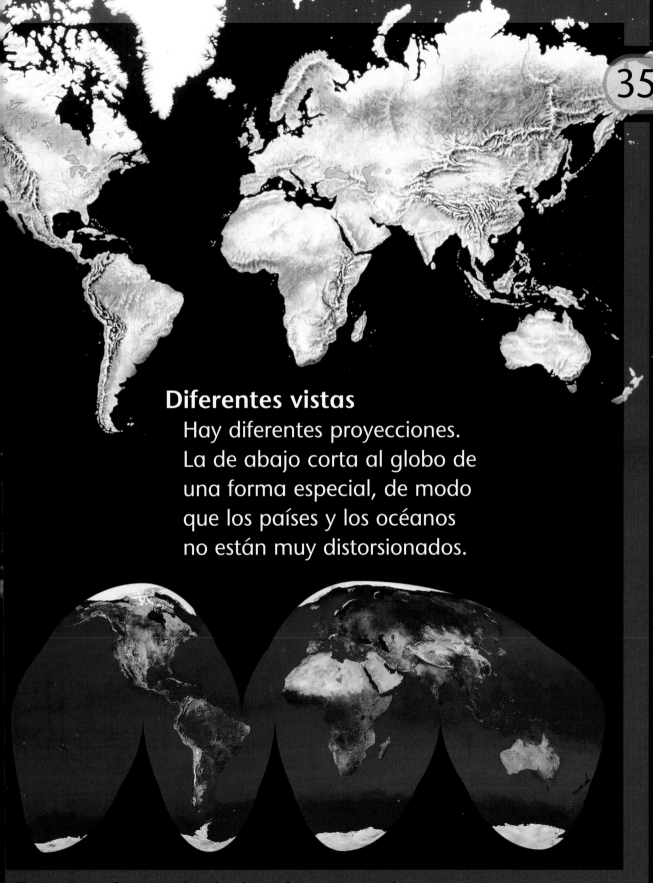

Diferentes vistas

Hay diferentes proyecciones.
La de abajo corta al globo de
una forma especial, de modo
que los países y los océanos
no están muy distorsionados.

distorsionado – *cambiado de su forma normal*

Tipos de mapas

Hay varios tipos de mapas. Los mapas pueden dar información acerca de algo concreto, como el clima. También pueden mostrar comparaciones entre lugares.

Mapas submarinos

Los mapas del mar se llaman cartas de navegación. Ayudan a los barcos a seguir rutas y a evitar peligros. Las cruces de esta carta indican naufragios en el fondo.

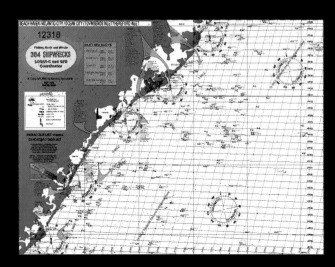

carta de navegación – *mapa del mar, cielo o espacio*

Mapas del tiempo

Los mapas del tiempo indican qué tiempo hace en un lugar determinado. Los símbolos se usan para mostrar diferentes tipos de clima. Los símbolos de aquí indican sol, nubes, lluvia y tornados.

Luces nocturnas

Este mapa del mundo se hizo usando varias fotos de satélite. Muestra qué partes del mundo usan más energía eléctrica de noche.

rutas – *caminos para llegar a un lugar*

Mapas submarinos

Existen montañas enormes y cañones profundos bajo el mar. Para poder hacer los mapas que muestran el fondo marino se toman medidas de estos rasgos .

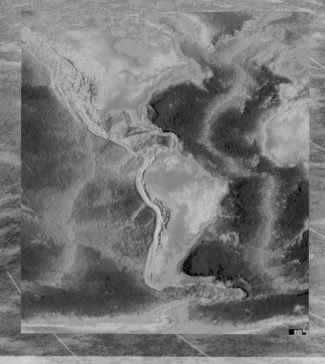

Cordilleras oceánicas

Las cadenas montañosas submarinas se llaman dorsales oceánicas. Pueden ser muy largas. En este mapa, el agua más profunda es el azul oscuro. Las dorsales son el azul más claro.

cordilleras – *cadenas de montañas*

Profundo mar azul

Un equipo especial mide cuánto tarda el sonido en llegar al fondo del mar, rebotar y regresar. Así, se puede calcular la profundidad del agua.

En busca de datos

Los sumergibles son submarinos pequeños que llevan a los buzos a explorar el fondo del mar. Los buzos toman medidas para obtener datos y elaborar mapas.

sumergible – *embarcación que viaja bajo el agua*

Mapas de estrellas

Quienes estudian las estrellas se llaman astrónomos. Hoy, ellos observan galaxias lejanas a través de potentes telescopios. Luego elaboran mapas espaciales, llamados mapas celestes.

Observación de las estrellas

Es posible observar las estrellas con un par de prismáticos sencillos. Algunas constelaciones se ven desde la mitad norte del mundo, y otras desde la mitad sur.

galaxias – grupos muy grandes de estrellas

Mapas celestes

En la antigüedad se dieron
nombres de animales,
héroes y dioses a las
constelaciones y se indicó
en mapas la posición de
las estrellas en el cielo.

Mapas de la Luna

Así como hay mapas de la
Tierra, también hay de la
Luna. Se usan fotografías
para elaborar mapas de
cráteres, valles y cañones
de la superficie lunar.

constelaciones – *grupos de estrellas*

Encuentra el camino

Elabora tu propia brújula

La aguja de una brújula es un imán que señala hacia el norte. Puedes convertir una aguja en un imán para elaborar una brújula.

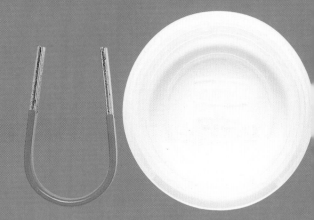

Sujeta la aguja y frótala con el imán. Hazlo aproximadamente 50 veces, siempre frotando en la misma dirección.

Materiales
- Aguja larga
- Imán
- Corcho
- Bol con agua
- Brújula

Pide a un adulto que corte un círculo de corcho. Equilibra con cuidado la aguja en el corcho y ponlo en un recipiente de agua.

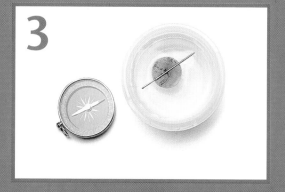

Pon una brújula junto a tu aguja flotante. Ambas agujas deberán señalar hacia la misma dirección... ¡el norte!

Mapa de tu habitación

Puedes dibujar un mapa de tu habitación, usando tus pasos para medir lo que hay en ella. Cuenta cuántos pasos hay a lo largo y a lo ancho de tu habitación. Necesitarás papel, una regla y rotuladores para elaborar tu mapa.

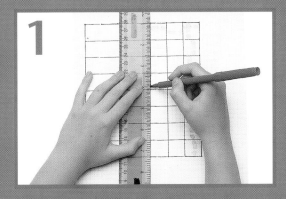

Dibuja el contorno de tu habitación. Traza dentro una cuadrícula. Cada cuadro de la cuadrícula representa un paso.

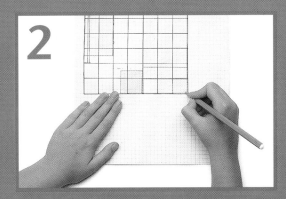

Mide tus muebles con pasos. Dibuja la forma de tus muebles en el mapa, colocándolos en los lugares correctos.

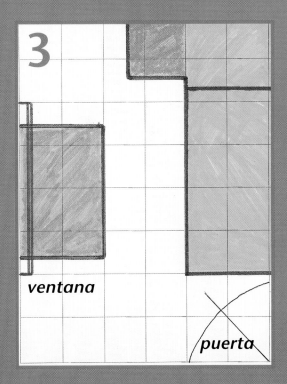

ventana

puerta

Dibuja la puerta y las ventanas. Colorea los muebles usando los rotuladores. Puedes usar símbolos para explicar tus colores.

Observando colinas

Elabora un mapa en relieve

Algunos mapas usan modelos y tonos de color para mostrar cómo varía la altura del suelo. Las montañas y valles son fáciles de ver en un mapa en relieve. Elabora uno.

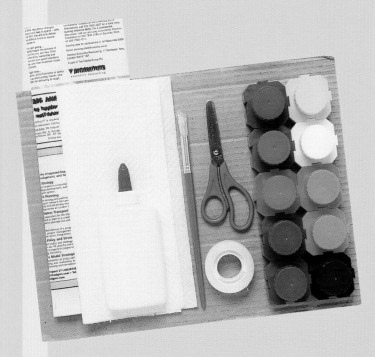

1

Forma tres bolas de periódico, cada una de diferente tamaño. Pega firmemente las bolas en el cartón, usando cinta adhesiva.

Materiales
- Periódico
- Cartón
- Cinta adhesiva
- Tijeras
- Pegamento
- Papel absorbente
- Acuarelas
- Pincel

2

Recorta tiras delgadas de periódico. Pega las tiras sobre las bolas de periódico. Agrega varias capas y déjalas secar.

3

Pega una capa de papel absorbente sobre el mapa. Recuerda cubrir todo el cartón y las "colinas". Déjalos secar.

4

Pinta tu mapa con franjas de color. Usa colores distintos para mostrar las diferentes alturas. La superficie con la misma altura debe ser del mismo color.

En este mapa, el verde indica el suelo. El tono amarillo representa la altura media y el café oscuro significa la superfice más alta.

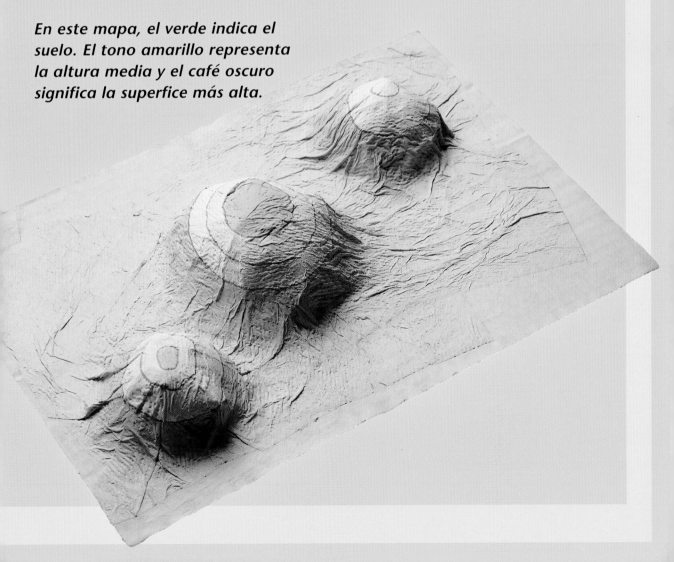

En busca del tesoro

Dibuja un mapa del tesoro

En los cuentos, los viejos mapas
de islas ayudan a las personas a
encontrar tesoros enterrados.
Haz tu propio mapa del tesoro.

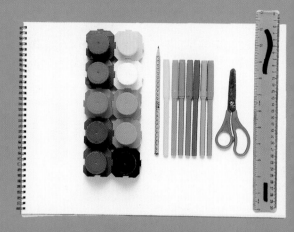

Arruga un pedazo de papel.
Vuélvelo a alisar con tus manos.

Materiales
- Papel
- Acuarelas
- Pincel
- Lápiz
- Regla
- Rotuladores
- Tijeras

Diluye un poco de pintura verde o
marrón para que quede pálida.
Pinta una capa degada sobre toda
la hoja de papel. Déjala secar.

Dibuja una cuadrícula sobre el
papel con un lápiz y regla. Cada
línea debe tener la misma
distancia de separación.

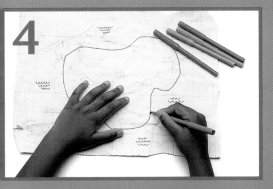

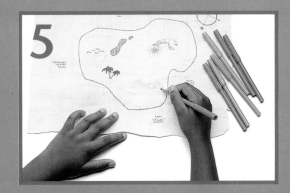

Dibuja el contorno de una isla desierta. Crea una forma original e interesante. Agrega unas olas para indicar dónde está el mar.

Haz algunos dibujos en el mapa que representen diferentes cosas, como lagos y volcanes. Hazlos pequeños y sencillos.

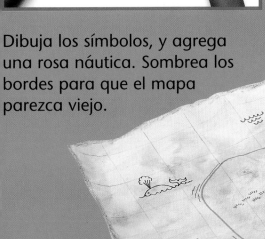

Pide a tus amigos que averigüen dónde está enterrado el tesoro.

Dibuja los símbolos, y agrega una rosa náutica. Sombrea los bordes para que el mapa parezca viejo.

Índice